MERCI

Maîtresse

DE LA PART DE ....

CLASSE DE : .... ANNÉE : ....

Printed in France by Amazon
Brétigny-sur-Orge, FR

21193358R00030